CLEA

VEGGIE BOWLS

Frühstück, Hauptmahlzeiten, Snacks & Desserts – Alles aus einer Schale

Aus dem Französischen von Elisabeth Liebl

HANS-NIETSCH-VERLAG

INHALT

VEGGIE BOWLS ZUM FRÜHSTÜCK

VEGGIE BOWLS ALS HAUPTGERICHT

VEGGIE BOWLS

VEGGIE BOWL SNACKS

VEGGIE BOWL DESSERTS

Einführung

Für die Veggie Bowls in diesem Buch brauchen Sie keine festlich hergerichtete Tafel, keine Servietten und nicht einmal Teller. Sie kommen ohne das übliche Tischdecken aus und auch auf ein raffiniertes Dressing können Sie verzichten.

Veggie Bowls ist kein Kochbuch für 5-Sterne-Köche. Mit den leckeren Gerichten in diesem Buch werden Sie Ihre Schwiegermutter vermutlich nicht beeindrucken, denn hier wird alles aus einem Topf oder genauer gesagt aus einer Schale gegessen.

Essen als heimeliger Genuss

In diese Schale können Sie geben, was Ihnen beliebt und mundet: rohe und gekochte Zutaten, Süßes oder Salziges, proteinreiche Kost ebenso wie Ihre Lieblingssauce. Dann schnappen Sie sich eine Gabel oder für manche Veggie Bowls auch einen Löffel und setzen sich zum Essen entweder wie gewohnt an den Tisch oder machen es sich auf dem Sofa gemütlich.

Sie werden schon bald feststellen: Ist man erst einmal auf den Geschmack gekommen, fällt es schwer, sich das Essen aus der Schale wieder abzugewöhnen. Zum genüsslichen Verspeisen der Veggie Bowls brauchen Sie kein mehrgängiges Menü aus Vorspeise, Hauptgericht und Dessert. Damit ersparen Sie sich das mehrfache Auf- und Abdecken während der Mahlzeit und halten stattdessen einfach eine warme Schale voll mit leckerem, gesundem Inhalt auf Brusthöhe in der Hand. Ansonsten können Sie Ihre Schale mit allem füllen, was Ihr Herz begehrt, was natürlich nicht bedeutet, dass Sie einfach irgendetwas zusammenrühren.

Der klassische „Eintopf" in neuem Gewand

In englischsprachigen Ländern wird diese Art der Zubereitung auch *Bowl Food* oder *Comfort Food*, also „Essen aus der Schale" oder „Essen für die Seele" genannt. Und im deutschsprachigen Raum gibt es den altbewährten „Eintopf", der vielfältige Zutaten enthält und in tiefen Tellern serviert wird. Vor allem in der chinesischen Küche hat das Prinzip des Alles-aus-einer-Schüssel-Essens eine lange Tradition. Mit den leckeren Rezepten in diesem Buch können Sie sich diese schöne Zubereitungstradition auf kreative und obendrein gesunde Weise aneignen.

Selbst in Gesellschaft können Sie aus einer Schüssel essen, ohne als unkultiviert zu gelten, denn Sie müssen Ihre guten Manieren dabei nicht aufgeben. Und auch auf ausgewogene, nährstoffreiche sowie vielfältige Kost müssen Sie beim Verzehr von Veggie Bowls nicht verzichten. Wenn Sie ein paar Grundregeln beherzigen, haben Sie im Nu eine leckere Veggie Bowl zusammengestellt.

Einfach vegetarisch genießen

Die vegetarische Küche, die traditionell großen Wert auf hochwertige Zutaten legt, eignet sich hervorragend für die Zubereitung in der Essschale. Und was den Genuss angeht, kommen Sie mit den Veggie Bowls garantiert nicht zu kurz, denn Sie können mischen, was auch immer Ihr Herz begehrt: knackig frische Zutaten mit gekochten, Getreidebällchen mit leckeren Saucen oder Knuspriges mit Cremigem. Lassen Sie sich überraschen und gehen Sie mit mir und den leckeren Veggie Bowls in diesem Buch auf eine kulinarische Entdeckungsreise.

Ein simples Prinzip – unglaublich viele Möglichkeiten!

Sie können Ihr Frühstück aus der Essschale genießen, ebenso wie das Mittag- oder Abendessen oder auch den schnellen Snack für zwischendurch. Sobald Sie das Grundprinzip der Veggie Bowls verinnerlicht haben, wird es Ihnen leichtfallen, aus dem, was Ihr Kühlschrank gerade hergibt, eine wunderbare Mahlzeit zu zaubern.

Und da eine köstlich gefüllte Essschale zum Plaudern anregt, können Sie sie auch gleich Ihren Freunden servieren, wenn Sie sie das nächste Mal zum Diner einladen. Stellen Sie sämtliche Zutaten in die Mitte des Tisches, dann kann jeder Gast sich seine eigene Veggie Bowl zusammenstellen.

Sind Sie bereit? Dann weihe ich Sie nun mit Vergnügen in die Geheimnisse der Zusammenstellung von unglaublich leckeren Veggie Bowls ein.

EINE KLEINE GESCHICHTE DER ESSSCHALE

In den meisten asiatischen und afrikanischen Ländern ist das Essen aus einer Schale oder Schüssel eine altbewährte Tradition. Dabei wird entweder gemeinsam aus der großen Schüssel gegessen oder jeder hat seine eigene Schale.

In Afrika teilen sich die Menschen die gemeinsame Mahlzeit aus einer großen Schüssel. Diese wird auf den Tisch gestellt und jeder nimmt sich einfach, was er möchte. Und in manchen Ländern wird das Essen in einer Halbschale serviert, die aus der Frucht des Kalebassenbaums hergestellt wird.

Besonders **in Nordindien** bringt man das sogenannte *Thali* auf den Tisch. Die Beilagen werden in kleinen Schälchen auf einem Metallteller aus Silber oder Kupfer angerichtet. Diese Schalen aus Edelstahl und Kupfer nennt man *Katori*. In ihnen werden Beilagen zu Reis oder Fladenbrot gereicht. Jeder Gast verzehrt, was er auf seinem Metallteller hat. Und es gilt als unhöflich, es mit anderen zu teilen oder ein Schälchen gegen ein anderes auszutauschen.

In Asien und vor allem in Japan werden die einzelnen Gänge einer Mahlzeit in kleinen Schalen serviert, die auf einem Tablett gereicht werden. Die größte Schale enthält meist Reis, der als Grundlage der Mahlzeit gilt. Diesen füllt man in seine Essschale und gibt dann die Beilagen aus den Schälchen dazu. Die Schüssel mit der Misosuppe ist meist durch einen Deckel geschützt, der immer wieder aufgesetzt wird, damit die Suppe nicht auskühlt.

Japanisches Geschirr besteht gewöhnlich aus Steingut oder lackiertem Holz. Die kleinen Schalen dienen vor allem zur Trennung der einzelnen Beilagen, doch es gibt durchaus auch Gerichte, wie z. B. *Chirashi Sushi*, bei denen alles in einer Schale gereicht wird. Auf einem Bett aus Reis sind alle Sushi-Zutaten (Algen, Fisch und rohes Gemüse) dekorativ angerichtet. Beim *Katsudon* ruhen auf dem Reisbett paniertes Fleisch und ein halbrohes, verrührtes Ei. Ein ähnliches Gericht ist auch in Korea bekannt. Das berühmte *Bibimbap* besteht aus Reis mit verschiedenen Zutaten wie etwa Rindfleisch, gekochtes oder rohes Gemüse, ein Ei sowie *Kimchi* (den würziger fermentierter Kohl), die erst nach dem Servieren vermengt werden.

Wenn man in Asien aus einer Schale isst, gilt es als unhöflich, diese beim Essen auf dem Tisch abzustellen. Stattdessen wird sie auf Höhe des Kehlkopfs in der Hand gehalten.

Der Begriff *ōryōki* bedeutet „dem Anlass angemessen". Damit ist eine achtsame, meditative Form des gemeinsamen Essens gemeint, die in Zen-Klöstern Japans und auch in China praktiziert wird. Dabei genießen die buddhistischen Mönche ihre Mahlzeit schweigend. Das Essen wird in drei Schalen aus lackiertem Holz aufgetragen. Die größte, das Symbol der Weisheit, heißt „Buddha-Schale". Diese Art zu essen inspirierte in den 1970er-Jahren im Westen die Vegetarierbewegung, deren direktes Erbe die neue Liebe zur Veggie Bowl ist. In englischsprachigen Blogs werden Veggie Bowls daher häufig als „Buddha Bowls" bezeichnet. Sie haben eines gemein: Auf einem Bett aus Getreide oder Nudeln werden die restlichen Zutaten – wie etwa Hülsenfrüchte, Nüsse und Samen oder Gemüse – angerichtet.

Wenn wir heute genüsslich eine Veggie Bowl zu uns nehmen, tun wir dies gewöhnlich, ohne an die geradezu heilige Symbolkraft zu denken, die die Essschale durch die Jahrhunderte begleitete. Doch das soll uns nicht daran hindern, das darin Enthaltene achtsam zu genießen und uns innerlich bei den Menschen zu bedanken, die geholfen haben, all diese Leckereien in unsere Schüssel zu bringen. Das gilt nicht zuletzt auch für uns selbst.

Wählen Sie die geeignete Essschale

Die Beschaffenheit der Essschale ist natürlich von entscheidender Bedeutung. Sorgen Sie dafür, dass Sie eine Auswahl von unterschiedlichen Essschalen zur Verfügung haben:

- Breite, tiefe Schalen in der Form eines Suppentellers sind gut für komplette Mahlzeiten.
- Breite sowie flache Schalen eigenen sich am besten fürs Frühstück.
- Breite, tiefe Schalen sind ideal für Suppen oder Nudelgerichte.
- Und kleine, tiefe Schalen verwenden Sie am besten für schnelle Mahlzeiten oder Snacks.

Heilsame Schalen für Meditation und Entspannung

Die tibetische Klangschale
In der Himalajaregion gibt es seit jeher sogenannte Klangschalen. Traditionelle Klangschalen bestehen aus einer Legierung aus sieben Metallen (die jeweils für ein Chakra im Körper oder einen Planeten des Sonnensystems stehen). Heutzutage werden sie aus Bronze oder Kupfer gegossen. Wenn man sie anreibt, entsteht ein sanfter Ton. Schlägt man sie mit einem Holzklöppel an, erklingt ein reiner Ton wie von einer Glocke, der mit seinen Schwingungen den Körper harmonisiert.

Ayurvedische Massageschalen
Ayurveda wird auch als die „Wissenschaft von der Lebenskraft" bezeichnet. Diese ganzheitliche traditionelle Medizin Indiens umfasst Ernährung, Yoga und Massagen. Die Fußmassage gilt als die wichtigste unter ihnen. Sie wird mit Ghee (geklärter Butter) und einer kleinen Kupferschale ausgeführt, die auch *Kaash* genannt wird. Sie fördert inneren Frieden und Wohlbefinden und stimuliert die Reflexzonen, was sich positiv auf unsere Augen, die Verdauung und den Schlaf auswirkt.

IHRE VEGGIE BOWL ZUSAMMENSTELLEN

Eine ausgewogene Ernährung ...

... besteht aus Proteinen, Kohlehydraten, ungesättigten Fettsäuren und Ballaststoffen. Für eine gelungene Veggie Bowl brauchen Sie also von allem etwas. Das gilt jedoch nicht für die Frühstücksschale, denn sie sollte vor allem Ballaststoffe und Proteine enthalten.

Das Grundrezept:

- eine Portion Getreide oder Pseudogetreide (ungegart 50 bis 60 Gramm pro Person): Reis, Hafer, Gerste, Einkorn, Buchweizen, Quinoa oder auch Nudeln etc.;
- eine Portion Proteine: Kichererbsen, Linsen, Spalterbsen (halbe Schälerbsen), getrocknete Bohnen oder frische Puffbohnen, Tofu, Tempeh, Eier, Käse ...;
- eine Portion rohköstliches Gemüse;
- die doppelte Menge gekochtes Gemüse und dazu
- eine sämige Sauce zum Binden sowie ein paar Nüsse oder Samen zum Darüberstreuen.

Getreide mit Hülsenfrüchten sichert Ihnen eine ausgewogene Versorgung mit essenziellen Aminosäuren, die der Körper nicht selbst herstellen kann. So können Sie gut auf Fleisch verzichten. In vielen Ländern ist diese Kombination ein fester Bestandteil der traditionellen Küche, z. B. Reis mit Linsen, Couscous mit Kichererbsen, Mais mit Bohnen, Reis mit Soja.

Dieses Grundrezept können Sie nach Belieben abwandeln:

- Getreide und Kichererbsen können einfach nur gekocht, aber auch im Risotto oder Pilaw, als Zutat für Bratlinge oder kleine Bällchen und in Currys oder als Salat verwendet werden.
- Spielen Sie mit der Form der Zutaten, schneiden Sie sie in Stifte, Würfel, Scheiben, Fadennudeln, breite oder dünne Spiralen ...
- Probieren Sie verschiedene Garmethoden für Ihr Gemüse aus, indem Sie es dämpfen, schmoren, im Backofen oder in der Pfanne braten, sautieren etc.
- Kreieren Sie Saucen aus Avocadofleisch, pürierten Hülsenfrüchten, Nuss-, Mandel- oder Sesammus, Joghurt, püriertem Gemüse ...
- Und vergessen Sie den krönenden Abschluss nicht: Geben Sie über Ihre Veggie Bowl geröstete Nüsse oder Mandeln, Algenflocken, sauer eingelegtes Gemüse, Gomasio, Käsewürfel, Croûtons, kleine Kräckerstücke, salziges Granola (Knuspermüsli) oder auch eingelegtes Gemüse.

Die Qual der Wahl

Natürlich passt nicht alles zu allem! Wählen Sie am besten ein „Motto" für Ihre Veggie Bowl und bereiten Sie Ihre Schale japanisch, indonesisch, indisch, mexikanisch oder typisch provenzalisch zu. Bleiben Sie auch beim Würzen und bei der Auswahl der Kräuter bei Ihrem Motto. Und halten Sie das Ganze so einfach wie möglich!

Verwenden Sie am besten frische Zutaten aus biologisch-organischem Anbau. Eine Veggie Bowl mit saisonalem Gemüse, gebraten oder gedämpft, auf einem Bett aus Reis und Linsen bzw. Couscous und Kichererbsen ist eine ebenso einfache wie ausgewogene und wohlschmeckende Mahlzeit.

DIE KOMPONENTEN ZUBEREITEN

Sie können Ihre Veggie Bowl auf zwei Arten zubereiten:

- Entweder Sie bereiten alle Bestandteile parallel frisch zu oder
- Sie kochen Getreide und Hülsenfrüchte vor, um sie portionsweise einzufrieren und bei Bedarf aufzutauen. Auch Pickles, Chutney, mariniertes Gemüse, Pesto etc. können Sie im Voraus zubereiten.

Im Gefrierschrank halten sich die frisch eingefrorenen Zutaten 3 Monate.

Getreide kochen

Bestimmte Getreidesorten müssen vorher eingeweicht werden (Einkorn, Hafergrütze, Vollkornreis). Andere müssen nur 5 bis 20 Minuten gekocht werden.

Garzeiten:

- Kascha (gerösteter Buchweizen), Soba: 3 Minuten
- Couscous, vorgegarte Polenta: 5 Minuten
- Nudeln: durchschnittlich 8 Minuten
- Quinoa: 10 Minuten
- Hirsekörner, geschälter Buchweizen: 20 Minuten
- Reis: je nach Sorte 20 bis 45 Minuten
- Einkorn, Hafergrütze (eingeweicht): 35 Minuten

Hülsenfrüchte kochen

Manche Hülsenfrüchte müssen vor dem Kochen eingeweicht werden. Das macht sie bekömmlicher und sie werden schneller gar. Waschen Sie sie unter fließendem kaltem Wasser und weichen Sie sie 8 bis 12 Stunden ein. Andere Hülsenfrüchte (wie die folgenden) müssen nicht eingeweicht werden:

Garzeiten:

- Dal-Linsen: 15 Minuten
- Grüne Linsen: 25 Minuten
- Spalterbsen (halbe Schälerbsen): 1 Stunde
- Azukibohnen: 1½ Stunden
- Kichererbsen: 2½ Stunden
- Weiße oder rote Bohnen: 2 Stunden

Leckere Pickles

Pickles bestehen aus Gemüse, das in einer Marinade aus Essig sowie etwas Zucker und Meersalz eingelegt wurde. Als kleine Beigabe zu unseren Bowls bringen sie säuerliche Frische und knackigen Biss in die Schale. In Asien sind Pickles sehr beliebt, z. B. aus Rettich, Gurke oder Karotten. Im Vorderen Orient hingegen setzt man auf Zitronen, Auberginen und Rote Bete.

Sie können schnelle Pickles zubereiten, um sie anschließend in die Veggie Bowl zu geben oder Sie bewahren Ihre Pickles in sterilisierten Gläsern auf.

- **Schnelle Japan-Pickles:** 2 Esslöffel Reisessig mit 1 Esslöffel Rohrohrzucker und 2 Teelöffeln Meersalz verrühren. Fein geschnittenes Gemüse (Gurke, Karotten, Weißkohl etc.) darin 2 Stunden ziehen lassen.
- **Schnelle Gemüse-Pickles:** Gemüse (Karotten, Rote Bete, Gurke, Fenchel, Rettich) fein schneiden oder grob raspeln. In einer Salatschüssel mit etwas Meersalz vermengen. Einige Minuten ziehen lassen, unter kaltem Wasser abspülen und in ein Einmachglas geben. Wasser, Zucker, Meersalz und Cidre- oder Apfelessig zum Kochen bringen und das Gemüse damit überbrühen. Vor dem Servieren 10 Minuten in den Kühlschrank stellen.
- **Traditionelle Pickles mit rohem Gemüse:** Blumenkohl, Karotten, Gurke, Knollensellerie, Rettich, Mairübchen ... schälen, in Stifte schneiden und in einer Schüssel mit etwas Zucker und Meersalz vermengen. Einige Stunden ziehen lassen. Unter kaltem Wasser abspülen und in ein sterilisiertes Glas geben. Zucker, Meersalz, Wasser und Essig zum Kochen bringen, dann über das Gemüse ins Glas geben. Verschließen.
- **Traditionelle Pickles mit gekochtem Gemüse**, z. B. mit Auberginen oder Roter Bete: Rote Bete ganz in einen flachen Topf geben. Mit Wasser bedecken und etwa 20 Minuten köcheln lassen. Schälen, in Scheiben schneiden und in ein sterilisiertes Einmachglas füllen. Verrühren Sie 1 Trinkglas der Garflüssigkeit mit Essig, etwas Zucker und Meersalz. Zum Kochen bringen und die Flüssigkeit bis zum Rand in das Einmachglas füllen. Anschließend fest verschließen.
- **Eingelegte Salzzitronen:** Ein 500-Milliliter-Glas mit Deckel mit kochend heißem Wasser ausspülen. Abtropfen lassen und mit einem sauberen Küchentuch abtrocknen. Dann 3 Bio-Zitronen waschen und in Viertel schneiden. Mit 50 Gramm grobem Meersalz bestreuen und gut vermengen. Die Zitronenviertel mit dem Salz in das Einmachglas geben und mit dem Saft von 1 Zitrone beträufeln. Anschließend 250 Milliliter Wasser mit etwas Zucker aufkochen. Das Glas mit der Flüssigkeit bis zum Rand füllen und fest verschließen. Abkühlen lassen und im Kühlschrank aufbewahren. Vor der Verwendung 3 Wochen ziehen lassen. Die eingelegten Zitronen halten sich im Kühlschrank einige Wochen.

Aromatische Chutneys

Das Aroma dieser süßsauren Würzsaucen auf der Basis von Obst oder Gemüse (Mango, Feigen, Tomaten, Zwiebeln, Rote Bete), mit etwas Pfeffer, Essig und Zucker wird häufig durch Gewürze oder Trockenfrüchte intensiviert. (Nur den besten Cidre- oder Apfelessig sowie Vollrohrzucker verwenden.)

- **Mango-Chutney:** Für 2 Gläser Chutney 1 Mango schälen und in Stücke schneiden. Ebenfalls schälen und klein schneiden: 2 rote Zwiebeln, 1 Stück Ingwerwurzel und 1 Knoblauchzehe. Alles in einer Pfanne mit etwas Pflanzenöl 5 Minuten anschwitzen. Dann 40 Gramm Vollrohrzucker mit 40 Millilitern Cidre- oder Apfelessig verrühren und damit den Pfanneninhalt ablöschen. Köcheln lassen, bis die Mischung eindickt. Das Chutney in luftdicht verschließbare Gläser füllen und im Kühlschrank aufbewahren.

- **Chutney von Kumquat, Ingwer und Kurkuma:** Für 1 kleines Glas 1 Handvoll Kumquats waschen, Kerne entfernen und das Fruchtfleisch klein schneiden. In einen flachen Topf geben. 3 fein gehackte Schalotten sowie 2 gepresste Knoblauchzehen dazugeben. Dann 1 kleines Stück Ingwerwurzel und 1 kleines Stück Kurkumawurzel (ersatzweise 1 Teelöffel Kurkumapulver) schälen, raspeln und zu den Früchten geben. Anschließend 100 Milliliter Cidre- oder Apfelessig sowie 40 Gramm hellen Rohrohrzucker einrühren. Im offenen Topf aufkochen und 20 Minuten einkochen lassen. Die Kumquats sollten weich sein und die Sauce sämig. Mit Salz und Pfeffer abschmecken, in ein Glas füllen und im Kühlschrank aufbewahren.

Frische Salsas

Eine Salsa ist eine Sauce aus fein geschnittenen rohen Früchten und/oder Gemüsesorten. Besonders würzigen Gerichten verleiht sie eine frische säuerliche Note. Sie besteht z. B. aus Tomaten-, Mango- und Avocadowürfeln sowie einer fein gehackten Schalotte und etwas Minze oder Koriander und schmeckt vorzüglich zu einem Chili.

Sämige Saucen

Für eine leckere sämige Sauce brauchen Sie vor allem eine fetthaltige Grundzutat, die Ihrer Sauce Substanz verleiht: Avocado, Joghurt, Nussmuse (aus Erdnüssen, Mandeln, Cashewkernen) oder helles Miso (das man im Gegensatz zum dunklen, salzigen Miso auch in größeren Mengen verwenden kann). Dazu kommen würzige Zutaten, die der Sauce ihren charakteristischen Geschmack geben: braunes Miso, Senf, fein gehackter Knoblauch, Essig, Zitronensaft, Sojasauce, Honig oder Ahornsirup. Wahlweise können Sie noch fein gehackte Kräuter hinzufügen. Soll die Sauce erwärmt werden, so verwende ich gern Gemüsepüree (aus Süßkartoffeln, Blumenkohl, Zucchini etc.), das mit Zutaten der Geschmacksrichtung *Umami* (Pikant) verfeinert wird: Hefeflocken, Miso, Senf, Knoblauch etc.

Peppige Pestos

Traditionelles Pesto besteht aus Basilikum mit Knoblauch, Parmesan und Pinienkernen. Sie können aber auch Rucola, Mizunasalat, Grünkohl oder Kresse bzw. Nüsse wie Haselnüsse, Walnüsse, Mandeln oder Cashewkerne verwenden. Vegane Pestos kommen auch sehr gut ohne Käse aus. Geben Sie einfach Miso oder Hefeflocken dazu. Ein rotes Pesto erhalten Sie, wenn Sie getrocknete Tomaten verwenden. 1 Teelöffel Pesto macht Veggie Bowls mit milden Zutaten zu einem aromatischen Genuss.

Hinweis:

Um besonders leckere, gesunde und aromatische Speisen zuzubereiten, sollten Sie alle Zutaten frisch, saisonal, aus regionalem Anbau und in Bio-Qualität einkaufen!

PROTEIN-POWER
Nährstoffreiches Frühstück

Brauchen wir zum Frühstück tatsächlich immer Süßes? Eine proteinreiche erste Mahlzeit am Tag lässt keine Wünsche offen. Mit dieser gesunden Frühstücks-Bowl bleibt Ihr Blutzuckerspiegel im grünen Bereich und Sie leiden am späten Vormittag garantiert nicht unter dem typischen Abfall der Leistungskurve. Proteinreiche Zutaten wie Ei, Avocado, Ziegenfrischkäse oder Hülsenfrüchte sind so sättigend, dass Sie bis zum Mittag ohne Zwischenmahlzeit auskommen.

Pro Person

1 Bio-Ei
½ reife Avocado, entkernt
1 TL Zitronensaft
1–2 Scheiben Vollkorn-Einkornbrot
1 gestrichener TL Genmai Miso
1 EL Sprossen (z. B. Alfalfa, Rucola, Lauch oder Rettich)
1 Handvoll Walnusskerne
25 g schnittfester Ziegenfrischkäse, natur
1 gehäufter EL Algentatar (siehe „Bezugsquellen“, Seite 64)

1 Das Ei genau 4 Minuten kochen. Das Brot toasten, 1 Scheibe mit Miso bestreichen und in Streifen schneiden. In der Zwischenzeit das Avocadofleisch in Scheiben schneiden. Sofort mit Zitronensaft beträufeln.

2 **Servieren** Die Avocadoscheiben in eine breite tiefe Essschale geben. Das gekochte Ei schälen, aufschneiden und zu dem Avocadofleisch in die Essschale geben. Daneben die Sprossen und Nüsse anrichten sowie den Ziegenfrischkäse und das Algentatar. Die Misoschnittchen ebenfalls in die Veggie Bowl geben und die restlichen Streifen in einem kleinen Schälchen dazu reichen.

Ist das Ei weich gekocht, können Sie die Misoschnittchen in das Eigelb dippen. Anschließend die übrigen Zutaten durchmischen und mit den Brotstreifen genießen.

Tipp:
Sie können das Brot natürlich durch Reis oder Quinoa ersetzen.

GUTE-LAUNE-FRÜHSTÜCK

Porridge mit Süßkartoffeln, Zimt und Pekannüssen

Porridge ist ein echter Frühstücksklassiker, der im Handumdrehen aus Haferflocken zubereitet ist. Lassen Sie sie einfach ein paar Minuten auf kleiner Flamme in veganer Milch quellen. Für diese Veggie Bowl wird das Porridge mit Süßkartoffelpüree kombiniert (wahlweise auch mit Kürbispüree). Ein wunderbar saftiges und sättigendes Frühstück für einen grauen Wintermorgen ...

Pro Person

40 g Haferflocken, Feinblatt
200 ml Mandelmilch oder Sojamilch mit Vanillegeschmack
½ TL gemahlener Zimt
1 Prise Vanillepulver
150 g Süßkartoffelpüree
½ TL Vollrohrzucker (wahlweise)

Zum Anrichten

1–2 TL Mandel- oder Haselnussmus (möglichst dünnflüssig)
6 Pekannusskerne, grob gehackt
1 EL Zartbitter-Schokoflocken oder -tropfen (siehe „Bezugsquellen", Seite 64)

1 Die Haferflocken in einem flachen Topf mit Mandel- oder Sojamilch und den Gewürzen verrühren. Dann auf kleiner Flamme 15 Minuten köcheln lassen. Süßkartoffelpüree und Zucker mit einer Gabel unterziehen. Das Porridge weitere 5 Minuten köcheln lassen und in die Essschale geben.

2 **Servieren** Kleine Tupfen Nuss- oder Mandelmus daraufsetzen und mit Pekannüssen sowie Schokoflocken bestreuen.

SUPER BOWL

Frühstück mit Superfoods

Overnight oats nennen die Briten die Mischung aus Haferflocken und Milch, die sie am Vorabend ansetzen und im Kühlschrank aufbewahren. Mit Kokosmehl und Chiasamen entsteht daraus ein köstliches, ballaststoffreiches Frühstück. Einen Teil der Milch ersetze ich durch pflanzlichen Joghurt. So wird die Super Bowl noch cremiger! Und für aromatische Vielfalt sorgen Superfoods.

Pro Person

40 g Haferflocken, Feinblatt
1 EL Chiasamen
2 TL Kokosmehl
1 Prise Vanillepulver
150 ml Mandelmilch oder Sojamilch mit Vanillegeschmack
1 Becher Sojajoghurt, natur oder mit Vanillegeschmack

Zum Anrichten

2 gestrichene TL Matcha (gemahlener Grüntee)
1–2 TL helles Mandelmus, Kürbiskern- oder dunkles Sesammus (möglichst dünnflüssig)
1 EL Gojibeeren
1 EL gehackte Mandeln

1 Am Vorabend Haferflocken, Chiasamen, Kokosmehl und Vanille in die Essschale geben. Mit Mandel- oder Sojamilch sowie pflanzlichem Joghurt verrühren, 15 Minuten ruhen lassen und erneut umrühren. Über Nacht in den Kühlschrank stellen.

2 Servieren Am nächsten Morgen den Matcha unter die Zutaten ziehen. Das Nuss- oder Kernmus in einem dünnen Faden darüberlaufen lassen und mit Gojibeeren sowie Mandelstücken bestreut genießen.

Weitere leckere Superfoods:

- Lucuma-, Maca- oder Carobpulver
- getrocknete Beeren: Heidelbeeren, Maulbeeren, Cranberrys
- andere getrocknete Früchte: Pflaumen, Datteln oder Feigen
- Nüsse und Samen: Cashewkerne, Kürbiskerne, Haselnüsse, Sesam, gemahlene Leinsamen

GLUTENFREI GENIESSEN

Kokos-Erdnuss-Porridge

Natürlich lässt sich Porridge auch glutenfrei zubereiten. Dafür können Sie die Getreidekörner im Voraus mahlen und luftdicht verschlossen zwei Wochen im Kühlschrank aufbewahren. Ich serviere dieses Porridge gern mit einer Sauce aus Erdnussmus und Kokosöl, die nicht nur gesund, sondern auch unglaublich lecker ist.

Pro Person

30 g Hirseflocken
15 g geschälter Buchweizen
10 g Tapioka (Maniokstärke)
1 EL Leinsamen
250 ml Sojamilch mit Vanillegeschmack
1 EL Kokosöl
1 EL Erdnussmus
½ Becher Sojajoghurt
½ EL Kokosblütenzucker (oder Vollrohrzucker)

Zum Anrichten

½ Banane, in Scheiben geschnitten
1 EL gehackte Erdnüsse

1 Hirseflocken, Buchweizen, Tapioka und Leinsamen in den Mixer oder die elektrische Kaffeemühle geben und fein mahlen. Mit der Sojamilch in einem flachen Topf anrühren und auf niedriger Flamme 10 Minuten köcheln lassen, dabei ständig umrühren. Mit Deckel 5 Minuten quellen lassen. In der Zwischenzeit das Kokosöl im Wasserbad erwärmen, bis es flüssig ist. Im Wasserbad belassen und das Erdnussmus einrühren. Die Erdnuss-Kokos-Creme in eine Schale geben und mit Sojajoghurt sowie Kokosblütenzucker verrühren.

2 Servieren Das Porridge in der Essschale mit Bananenscheiben anrichten und diese mit Erdnusssplittern bestreuen. 1 Tupfer Erdnuss-Kokos-Creme danebensetzen. Diese leckere Veggie Bowl schmeckt lauwarm am besten.

CRUNCHY BOWL

Joghurt mit Apfel-Zimt-Granola

Knuspriges Granola und cremig süßer pflanzlicher Joghurt sind das perfekte Duo für eine Veggie Bowl und ein absolutes Muss für alle Fans der Essschale! Mit griechischem Joghurt und gekauftem Granola zubereitet, ist es bestens geeignet für ein schnelles Frühstück. Oder Sie machen Granola und Joghurt selbst – für eine Knusperschale ganz nach Ihrem Geschmack.

Für 8 Personen

Veggie-Joghurt

3 gestrichene EL Kartoffelstärke
1 l Hafer- oder Mandelmilch
1 TL Agar-Agar und 1 EL Vollrohrzucker
1 Prise Vanillepulver
1 gehäufter EL weißes Mandelmus
2 Päckchen probiotisches Joghurt-Ferment

Granola

150 g Hafer- oder Buchweizenflocken
150 g geschälter Buchweizen
je 50 g Kürbis-, Sonnenblumen- und Walnusskerne
1 TL gemahlener Zimt
100 g Ahornsirup

1 Veggie-Joghurt Spätestens am Vorabend den Joghurt zubereiten. Dafür Kartoffelstärke mit Hafermilch in einem Topf verrühren. Mit Agar-Agar, Zucker sowie Vanille kurz aufkochen lassen. Das Mandelmus in eine Schüssel geben. Die warme Milch einrühren und auf etwa 35 °C abkühlen lassen. Das Joghurtferment mit dem Schneebesen einrühren und 1 Minute mit der Hand aufschlagen. In die Gläschen 8 Stunden im Joghurtbereiter fermentieren lassen. Im Kühlschrank aufbewahren.

2 Granola Den Backofen auf 180 °C vorheizen. Flocken, Buchweizen, Nüsse und Samen mit Zimt sowie 1 Prise Salz vermengen. Ahornsirup mit Apfelmus und Haselnussmus in einer kleinen Schüssel verrühren und gründlich mit den Händen in die Flocken-Nuss-Mischung einarbeiten. Das Granola gleichmäßig auf einem tiefen Backblech verteilen und 15 bis 18 Minuten backen. Gelegentlich umrühren. *Achtung:* Granola sollte nicht zu dunkel werden. Abkühlen lassen, zerbröseln.

3 Servieren Den Joghurt mit dem Schneebesen aufschlagen, in die Essschale geben und mit Granola bestreut genießen.

FRISCHER START IN DEN TAG

mit einem grünen Smoothie aus der Schale

Ein gesunder Smoothie zum Löffeln mit allerlei schmackhaften und knackigen Toppings wird mit diesem Rezept zu einer echten Smoothie-Bowl. Und die vollwertige Schale wird noch gesünder mit Superfoods Ihrer Wahl. Gojibeeren, Trockenfrüchte, Lucuma- oder Carobpulver, Matcha, Nüsse, Kerne und dazu noch etwas selbst gemachtes Granola sind die perfekte Ergänzung.

Für 1 Person

Smoothie

2 Medjoul-Datteln
1 kleine Banane
25 g Grünkohl- oder Spinatblätter
150 ml Mandelmilch
1 EL Mandelmus
1 Prise Vanillepulver

1 Smoothie Die Datteln entkernen und fein hacken. (Falls Sie keine frischen Datteln bekommen können, getrocknete Datteln zum Einweichen knapp mit warmem Wasser bedecken.) Die Banane schälen und in Scheiben schneiden. Grünkohl bzw. Spinat putzen. Dann Mandelmilch in den Mixer geben, die restlichen Zutaten hinzufügen und alles fein pürieren.

2 Servieren Den Smoothie in eine möglichst breite tiefe Essschale geben. Ganz nach Belieben mit Ihren Lieblings-Toppings wie 1 Tupfer Joghurt, getrockneten oder frischen Beeren, Nüssen, Kernen oder Granola aufpeppen und sofort verzehren.

Topping-Vorschläge:

- 2 EL Sojajoghurt mit Vanillegeschmack, selbst gemachten pflanzlichen Joghurt (Rezept siehe Seite 20) oder Schafsmilchjoghurt
- 1 EL getrocknete Beeren (Gojibeeren, Maulbeeren, Cranberrys) oder 2 EL rote Früchte
- 1 EL Mandel-, Haselnuss-, Walnuss- oder Cashewmus
- 1 EL knackige Kerne oder Samen (Kürbis- oder Sonnenblumenkerne, Sesam- oder Hanfsamen)
- 2 EL Granola (Rezept siehe Seite 20) oder Knusper-Buchweizen (Rezept siehe rechte Seite)

Knusper-Buchweizen

Den Backofen auf 180 °C vorheizen. Für ein kleines Glas 120 Gramm geschälten und nicht gerösteten Buchweizen mit 1½ Esslöffeln Kakao- oder Carobpulver verrühren. Anschließend 1 Esslöffel flüssiges Kokosöl mit 2 Teelöffeln Ahornsirup, 1 Prise gemahlenem Zimt und 1 Prise Salz verrühren und zum Buchweizen geben. Die Mischung auf einem tiefen Backblech verteilen und 15 Minuten backen. Aus dem Ofen nehmen und abkühlen lassen. Der Knusperspaß bleibt luftdicht verschlossen gut 1 Woche frisch.

KLASSISCHE VEGGIE BOWL

Quinoa, Kichererbsen und gebratenes Gemüse mit Avocado-Koriander-Sauce

Ein einfaches Rezept, das Ihnen das Prinzip der Veggie Bowl verdeutlicht: Nehmen Sie Getreide (oder Pseudogetreide wie Quinoa) als Grundlage, dazu Hülsenfrüchte und im Ofen gebackenes Wurzelgemüse mit einer aromatischen, cremigen Sauce. Das Original mit besten Zutaten!

Für 4 Personen

250 g geschälte Kichererbsen (mind. 12 Stunden eingeweicht, abgespült und gekocht)
2 Süßkartoffeln
4–6 Karotten (je nach Größe)
2 EL Olivenöl
½ TL Paprikapulver
250 g Quinoa
2 Prisen Meersalz

Grünkohlchips

2 Stiele Grünkohl
Olivenöl (Menge nach Bedarf)
1–2 Prisen Meersalz

Avocadosauce

1 Sojajoghurt
1 Avocado, entkernt
10 Blättchen Koriander plus *ein paar Blättchen (zum Anrichten)*
1 Knoblauchzehe
Saft von 1 Limette
1 Msp. Chilipulver
1 Prise frisch gemahlener Pfeffer

1 Heizen Sie den Ofen auf 180 °C vor. Süßkartoffeln und Karotten putzen und in kleine Würfel schneiden. Auf einem Backblech die Kichererbsen mit den Gemüsewürfeln vermengen. Mit wenig Olivenöl beträufeln, mit Paprika sowie Salz bestreuen und 20 Minuten backen.

2 **Grünkohlchips** Den Grünkohl von Stiel und harten Rippen befreien. Die Blätter zerpflücken und in einer Salatschüssel etwas Olivenöl sowie das Salz gründlich einmassieren. Auf ein Backblech legen und 10 Minuten backen.

3 Quinoa In der Zwischenzeit Quinoa in ein feines Sieb geben und unter fließendem Wasser spülen. In der doppelten Menge Wasser 10 Minuten köcheln lassen, 1 Prise Salz dazugeben, den Deckel aufsetzen und beiseitestellen.

4 Sauce
Alle Zutaten im Mixer fein pürieren.

5 Servieren In jede Essschale ein Bett aus Quinoa geben. Darauf Gemüse und Kichererbsen so verteilen, dass sie gut die Hälfte der Oberfläche bedecken. Mit fein gehacktem Koriander bestreuen. 1 Tupfer Avocadosauce daraufsetzen, mit Grünkohlchips bestreuen und sofort servieren.

ORIENTALISCH

Bulgur mit Blumenkohlfalafel und Zitronen-Sesam-Sauce

Bulgur und gebratene Blumenkohlfalafel gehören zu den traditionellen Gerichten des Nahen Ostens. Vegan mit Haselnüssen, geröstetem Sesam, Knoblauch, Petersilie und Kreuzkümmel zubereitet, bekommen die Falafeln eine einzigartige Note.

Für 4 Personen

250 g Bulgur
Meersalz zum Abschmecken
4–6 Karotten (zum Anrichten)
4 EL glatte Petersilie, fein gehackt (zum Anrichten)

Falafel

50 g Haselnüsse
20 g Sesamsamen
2 Knoblauchzehen
250 g Blumenkohlröschen
4 EL Petersilie, fein gehackt
½ TL gemahlener Kreuzkümmel
240 g gekochte weiße Bohnen (Abtropfgewicht, abgegossen und gespült)
80 g Einkornmehl
1 Prise Chilipulver (Piment d'Espellette)
1 EL Rosinen
Olivenöl zum Braten (Menge nach Bedarf)
1 Prise Meersalz

Zitronen-Sesam-Sauce

2 EL Sesammus
1 EL Oliven- oder Sesamöl
1 EL Agavendicksaft oder Blütenhonig
1 Knoblauchzehe
2 EL Zitronensaft
¼ TL gemahlener Kreuzkümmel
1 Prise Meersalz
2–3 EL Wasser

1 Bulgur Den Bulgur in ein feines Sieb geben und unter fließendem kaltem Wasser waschen. Die 1½-fache Menge Wasser in einem flachen Topf aufsetzen und zum Kochen bringen. Den Bulgur einstreuen und 8 Minuten bei mittlerer Hitze köcheln lassen. Salz dazugeben, den Deckel aufsetzen und beiseitestellen.

2 Falafel Haselnüsse und Sesamsamen in einer Pfanne ohne Fett anrösten und anschließend grob mahlen. Die Knoblauchzehen schälen und den grünen Keim entfernen. Blumenkohlröschen waschen,

trocken tupfen und grob zerkleinern. Mit Knoblauch, Kreuzkümmel und Petersilie in den Mixer geben und zu „Grieß" vermahlen. Nüsse und Sesamsamen, weiße Bohnen, Einkornmehl, Chilipulver sowie Salz dazugeben und zu einem feinkörnigen Teig verarbeiten. In einen tiefen Teller geben und die Rosinen einarbeiten. Falls nötig, mit der Gabel vermengen, bis alle Zutaten gut vermischt sind. Aus dem Teig 16 walnussgroße Bällchen formen. Diese in einer Pfanne von allen Seiten 5 Minuten braten oder im Backofen 20 Minuten bei 180 °C backen.

3 Sauce
Die Zutaten mit im Mixer glatt pürieren.

4 Servieren Die Karotten mit einem Sparschäler in lange Streifen schneiden. In jede Essschale ein Bett aus Bulgur geben. Auf einem Viertel der Oberfläche die Karottenstreifen verteilen. Pro Schale 4 Blumenkohlfalafeln in die Schale geben, jeweils 1 Tupfer Sesamsauce daraufsetzen und mit gehackter Petersilie bestreuen. Heiß genießen.

CHIRASHI SUSHI

Gemüse und Salat auf Sushi-Reis mit Sesam-Wasabi-Sauce

Bei diesem schnellen Sushi für Faulenzer aus Leidenschaft werden die Zutaten für die Sushi-Rolle einfach in der Schale serviert. In Japan nennt man das „Chirashi Sushi". Mit dieser vegetarischen Variante lade ich Sie ein, die besten Sushi-Zutaten einmal ganz anders auf den Tisch zu bringen.

Für 4 Personen

240 g Sushi-Reis
270 ml Wasser
2 EL Reisessig
1 TL Vollrohrzucker und etwas Salz
1 Avocado, entkernt
etwas Zitronensaft (zum Beträufeln)

Gemüse und Salat

400 g Edamame-Bohnen, frisch oder tiefgekühlt
je ⅛ Kopf Rotkohl und Weißkohl
1–2 Karotten
4 EL Algentatar (siehe „Bezugsquellen", Seite 64)
1 TL Meersalz

Sesam-Wasabi-Sauce

2 EL Tahin (Sesammus)
1 EL Sojasauce
1 EL Agavendicksaft oder flüssiger Blütenhonig
1 EL Reisessig
1 TL Wasabipaste (siehe „Bezugsquellen", Seite 64)
1 cm Ingwerwurzel, geschält und klein gehackt
1–2 EL Wasser (falls nötig)

Zum Anrichten

250 g Räuchertofu mit Mandeln oder Sesam
2 EL geschälte Sesamkörner
1 EL Nori-Algen-Flocken (siehe „Bezugsquellen", Seite 64)

1 Reis Den Reis für 30 Minuten in kaltem Wasser einweichen. In ein feines Sieb geben und mehrmals unter kaltem Wasser abspülen. Das Wasser zum Kochen bringen. Reis einstreuen, bei mittlerer Hitze 10 Minuten köcheln und anschließend abkühlen lassen. In einem kleinen Topf Essig, Zucker und Salz verrühren und auf kleiner Flamme erwärmen, bis sich der Zucker aufgelöst hat. Die Mischung mit einem Spatel unter den Reis ziehen. Mit einem sauberen Mulltuch bedecken und ziehen lassen, während Sie das Gemüse vorbereiten.

2 Gemüse und Salat Die Edamame-Bohnen ohne Hülsen etwa 5 Minuten in leicht sprudelndem Salzwasser kochen. In der Zwischenzeit das Avocadofleisch in Scheiben schneiden und mit Zitronensaft beträufeln. Den Kohl sehr fein schneiden sowie die Karotten schälen und grob raspeln.

3 Sauce Alle Zutaten im Mixer verrühren und Wasser dazugeben, wenn sie zu dickflüssig ist. Die Sauce über Kohl sowie Karotten geben.

4 Servieren Den Tofu in Scheiben schneiden. Den lauwarmen Reis auf die Essschalen verteilen. Auf einem Drittel des Reisbetts Avocadoscheiben und Edamame-Bohnen anrichten. Dazwischen 1 Esslöffel Algentatar setzen.

Auf das zweite Drittel des Reisbetts den Kohl-Karotten-Salat geben und die Tofuscheiben darauflegen. Die Sushi Bowl mit Sesamkörnern oder Algen-Flocken bestreuen und sofort servieren.

FRUCHTIGE CURRY BOWL

Hirse mit Süßkartoffel-Linsen-Curry und Spinatsprossen, dazu Minz-Koriander-Chutney und fruchtige Joghurt-Granatapfel-Sauce

Mitten im Winter gibt es nichts, was das Herz mehr erwärmt als ein gutes Curry. Es schmeckt einfach köstlich – mit fast jedem Gemüse! Hier mit Hirse und einem fruchtig-frischen Granatapfel-Aroma. Das Chutney sorgt für das kontrastreiche i-Tüpfelchen.

Für 4 Personen

250 g Hirsekörner
2 Prisen Meersalz

Curry

½ Zwiebel
1 cm Ingwerwurzel
2 Knoblauchzehen
1 gehäufter TL Currypulver
2 EL Kokosöl oder Ghee (geklärte Butter)
2 große Süßkartoffeln, in Würfel geschnitten
125 g Dal-Linsen
3 Handvoll Spinatsprossen
1 Würfel Gemüsebrühe
6 getrocknete Tomaten, eingeweicht
100 ml Kokosmilch
1 EL Erdnussmus (wahlweise)

Chutney

½ Zwiebel
1 Bund Koriander
1 Bund Minze
2 EL Oliven- oder Kokosöl
2 EL Rosinen
2 EL Cidre-Essig, nicht pasteurisiert
Meersalz (Menge nach Bedarf)

Sauce

125 g griechischer Schafsmilch- oder Sojajoghurt
½ Granatapfel

Zum Anrichten

ein paar Blätter junger Spinat
ein paar Blättchen Koriander

1 Curry Zwiebel, Ingwer sowie Knoblauch schälen und fein hacken, mit Currypulver und 1 Prise Salz vermengen. Die Mischung 5 Minuten in Öl anschwitzen. Die Süßkartoffeln dazugeben. Linsen, Spinatsprossen und Gemüsebrühe hinzufügen, mit 2 großen Gläsern Wasser aufgießen und bei mittlerer Hitze etwa 20 Minuten köcheln lassen. Die eingeweichten Tomaten klein schneiden und mit der Kokosmilch sowie dem Erdnussmus zu dem Curry geben. Gut umrühren und dabei das Gemüse leicht zerdrücken.

2 Chutney Die Zwiebel schälen und fein hacken. Koriander- und Minzblätter fein hacken. Zusammen mit den Rosinen in dem Öl anschwitzen und mit Essig ablöschen. Köcheln lassen, bis die Zwiebeln weich sind. Mit Salz abschmecken und beiseitestellen.

3 Hirse Doppelte Menge Wasser zum Kochen bringen, die Hirsekörner einstreuen und 15 Minuten köcheln lassen. Salz dazugeben, mit Deckel beiseitestellen.

4 Sauce Die Granatapfelkerne aus der Schale lösen und mit dem Joghurt vermischen.

5 Servieren Die Hirse auf die 4 Essschalen verteilen. Das Curry über die Hälfte des Hirsebetts geben. Mit frisch gehackten Korianderblättchen garnieren. Die Spinatblätter auf einem Viertel der Hirse anrichten und 1 Esslöffel Joghurt-Granatapfel-Sauce daraufsetzen. In die Mitte 1 Esslöffel Chutney geben und sofort servieren.

FÜR YOGIS

Süßkartoffelstreifen mit Soba, glasiertem Tempeh und Grünkohlsalat zu Miso-Erdnuss-Sauce

Vegan, schnell gemacht und glutenfrei: Diese Bowl vereint vier meiner Lieblingszutaten (Avocado, Grünkohl, Süßkartoffeln und Koriander) zu einem besonders harmonischen Genuss. Dazu noch eine leckere Sauce und die Yogi Bowl wird zu einem Vergnügen, das fast noch besser als eine Stunde Yoga ist!

Für 2 Personen

2 große Süßkartoffeln
120 g Soba
2–3 Stiele Grünkohl
1 Avocado, entkernt
etwas Zitronensaft (zum Beträufeln)
10 Stiele Koriander, fein gehackt
150 g Tempeh
1 Prise Meersalz

Sauce und Marinade

1 cm Ingwerwurzel
1 kleine Schalotte
2 TL dunkles Miso
2 EL Erdnussmus
1 EL Ahornsirup
Saft von 1 Zitrone
100 ml pflanzliche Sahne (z. B. Hafer- oder Sojasahne)

1 Die Süßkartoffeln schälen und mit dem Sparschäler in breite Bandnudeln zerteilen. Diese übereinanderlegen und zu schmalen Nudeln schneiden. Grünkohl von Stielen und harten Rippen befreien, die Blätter gut waschen und klein schneiden. Das Avocadofleisch mit dem Messer aus der Schale lösen. Vierteln, in Würfel schneiden und sofort mit etwas Zitronensaft beträufeln. Alles beiseitestellen.

In einem großen Topf Wasser zum Kochen bringen, Salz und die Süßkartoffelstreifen hineingeben und nach etwa 3 Minuten die Nudeln hinzufügen. Weitere 4 Minuten kochen lassen, dann abgießen.

2 **Sauce und Marinade** Den Ingwer schälen und reiben. Die Schalotte schälen und fein hacken. Mit Miso, Erdnussmus, Ahornsirup und 1 Esslöffel Wasser verrühren.

Die Hälfte der Sauce abnehmen und in einem

tiefen Teller mit 1 Esslöffel Zitronensaft zu einer Marinade verrühren. Den Tempeh in kleine Würfel schneiden, mit der Sauce übergießen und darin einige Minuten marinieren lassen.

Die restliche Sauce mit der pflanzlichen Sahne verrühren. Tempeh in einer Pfanne bei mittlerer Hitze braten, bis die Marinade glasiert.

3 Servieren Die Nudeln auf zwei breite tiefe Essschalen verteilen. Die Tempehwürfel auf einer Seite des Nudelbetts anrichten und daneben den Grünkohl. Auf die andere Seite die Avocadowürfel geben. Die cremige Sauce darüberträufeln und mit Koriander bestreut heiß genießen.

AROMATISCHE CHILI BOWL

Reis mit Hülsenfrüchte-Chili, Guacamole und Salsa

Chili sin carne ist ein Klassiker der vegetarischen Küche. Es muss lange auf kleiner Flamme simmern und eignet sich daher hervorragend zur Zubereitung mit Hülsenfrüchten. Was Sie dafür brauchen, haben Sie meistens ohnehin parat. Und wenn Sie keinen Butternut-Kürbis zur Hand haben, nehmen Sie stattdessen einfach Süßkartoffeln oder Zucchini.

Für 4 Personen

240 g Naturreis, parboiled

Chili

1 roter Paprika
500 g Butternut-Kürbis (wahlweise auch Gartenkürbis, Zucchini, Süßkartoffeln oder Karotten)
1 kleine Zwiebel
3 Knoblauchzehen
1 EL Oliven- oder Kokosöl
1 Msp. süßes Paprikapulver
1 Msp. Chilipulver
1 TL Kreuzkümmelsamen
1 TL getrockneter Oregano
250 g gekochte rote Bohnen (Abtropfgewicht, abgegossen und gespült)
250 g geschälte Tomaten (wahlweise aus der Dose)
1 EL Tomatenmark
Meersalz zum Abschmecken

Guacamole

1 Avocado, entkernt
Saft von 1 Limette
1 Prise Salz
2 EL Koriander, fein gehackt
1 Msp. Chilipulver
½ Schalotte, fein gehackt

Salsa

1 Tomate oder ½ Mango
½ Schalotte, fein gehackt
Meersalz zum Abschmecken

1 Chili Den roten Paprika halbieren und von Kernen sowie weißen Innenhäutchen befreien. In kleine Stücke schneiden. Den Kürbis in Würfel schneiden und jedes Stück von der harten Haut befreien. Zwiebel und Knoblauch schälen und fein hacken. Das Öl in einen tiefen Topf geben und Paprikapulver, Chili, Kreuzkümmel sowie Oregano hinzufügen. Zwiebeln und Knoblauch darin 5 Mi-

nuten anschwitzen. Paprikawürfel, Kürbis, abgegossene rote Bohnen, Tomaten mit Saft und das Tomatenmark einrühren. Mit Deckel auf kleiner Flamme etwa 40 Minuten (oder mehr) köcheln lassen. Mit Salz abschmecken.

2 Reis 30 Minuten lang garen. Anschließend abgießen.

3 Guacamole Das Avocadofleisch auf einem Teller mit der Gabel zerdrücken und die restlichen Zutaten dazugeben. Alles gut vermengen.

4 Salsa Tomate oder Mango in kleine Würfel schneiden und mit den Schalottenwürfeln vermengen. Mit etwas Salz abschmecken.

5 Servieren Den Reis auf die Essschalen verteilen. Eine gute Portion Chili darübergeben. 1 Löffel Guacamole danebensetzen und mit Salsa garnieren. Sofort servieren und genießen.

FÜR LOCAVOREN

Einkorn mit Linsen, Porree und gebratenen Champignons sowie einem Topping aus Walnüssen und Feta

Das indische *Kitchari* ist eine Mischung aus Reis und Linsen. Es liefert dem Körper auch eine ganze Bandbreite wichtiger Proteine. Für passionierte Locavoren habe ich das ursprüngliche Rezept abgewandelt und durch heimische Zutaten ersetzt. Probieren Sie auch die Sommer-Variante dieses leckeren Gerichts.

Für 4 Personen

Einkorn-Linsen-Eintopf

je 125 g Einkorn und grüne Linsen
½ Würfel Gemüsebrühe

Gebratenes Gemüse

3 kleine Stangen Lauch
12 Champignons
1 EL Olivenöl
Saft von 1 Bio-Zitrone
Meersalz zum Abschmecken

Walnuss-Feta-Topping

12 Walnusskerne
5 Stängel Petersilie
125 g schnittfester Frischkäse der Wahl, natur (am besten Ziegenfrischkäse aus Rohmilch)
geriebene Schale von 1 Bio-Zitrone

1 Eintopf Einkorn 6 Stunden lang in kaltem Wasser einweichen. Anschließend abgießen und mit der doppelten Menge Wasser aufsetzen. Die Linsen mit der doppelten Menge Wasser zum Einkorn in den Topf geben. Den Brühwürfel zerkrümeln und dazugeben. Das Ganze mit Deckel zum Kochen bringen und bei halb geschlossenem Deckel bei mittlerer Hitze etwa 35 Minuten garen.

2 Gemüse In der Zwischenzeit den Lauch von harten Blättern sowie Wurzelansatz befreien und klein schneiden. Die Champignons putzen und klein schneiden. Das Öl in einer hohen Pfanne erhitzen und das Gemüse darin anbraten. Etwa 15 Minuten braten, dabei ständig umrühren. Mit Deckel auf niedriger Flamme weitere 5 Minuten garen.

Den Zitronensaft über das Gemüse träufeln. Mit etwas Salz abschmecken.

3 Topping Nüsse sowie Petersilie hacken und den Frischkäse zerkrümeln. Die geriebene Zitronenschale zu der Nuss-Käse-Mischung geben und alles gut vermengen.

4 Servieren Den Einkorn-Linsen-Eintopf auf die Essschalen verteilen. Das gebratene Gemüse dazugeben und die Nuss-Käse-Mischung darüber verteilen. Heiß servieren.

Sommerliche Variation:

Ersetzen Sie die Linsen durch junge Erbsen (erst 15 Minuten vor Ende der Einkorn-Garzeit dazugeben). Nehmen Sie 1 Esslöffel Pesto (Rezept siehe Seite 46). Statt Lauch und Champignons braten Sie Zucchini. Und die Walnüsse können Sie durch Mandeln oder Haselnüsse ersetzen.

MEDITERRAN

Blumenkohlgrieß mit Ratatouille, Gemüsebällchen und Spiegelei

Fangen Sie den Sommer in einer Schale mit Auberginen, Zucchini, Tomaten, Paprikaschoten, Mozzarella, Balsamico und Blumenkohl ein, der in diesem Rezept seinen großen Auftritt hat. Und dazu ein sonnengelbes Spiegelei.

Für 4 Personen

Gemüsebällchen

½ große Aubergine
1 Schalotte
1 Knoblauchzehe
½ EL Olivenöl
50 g geschälter Buchweizen
125 g Mozzarella (Abtropfgewicht)
½ TL Kräuter der Provence
3 EL Mandelmehl
Meersalz zum Abschmecken

Ratatouille

½ große Aubergine
1 Zwiebel
6 Tomaten
je 1 rote Paprikaschote und Zucchini
3–4 EL Olivenöl
Salz und Pfeffer zum Abschmecken

Grieß

½ Blumenkohl (oder 1 kleiner Kopf)
Saft von 1 Zitrone

4 Bio-Eier
Meersalz und frisch gemahlener schwarzer Pfeffer zum Abschmecken
2 TL Balsamico

1 Zunächst das Gemüse putzen, dabei die Zutaten für die Gemüsebällchen und die Ratatouille separat verarbeiten. Die Aubergine mit Schale in Würfel schneiden. Schalotte, Knoblauch und Zwiebel schälen und fein hacken. Die Tomaten vierteln, dabei Kerne und Saft entfernen. Die Paprika von Kernen sowie weißen Innenhäutchen befreien und in Würfel schneiden. Zucchini ebenso in Würfel schneiden.

2 Ratatouille Das Gemüse in einem großen Topf mit 2 Esslöffeln Olivenöl anbraten. Nach dem Anbraten mit Deckel bei mittlerer Hitze köcheln lassen, bis das Gemüse weich ist (etwa 20 bis 30 Minuten). Ratatouille mit Salz und Pfeffer abschmecken.

3 Grieß Den Blumenkohl in Röschen zerteilen und im Mixer zu einer feinkörnigen Masse zerkleinern. Den Zitronensaft über den Blumenkohl träufeln. Mit Salz abschmecken und beiseitestellen.

4 Gemüsebällchen Den Buchweizen mit der doppelten Menge Wasser aufsetzen und auf kleiner Flamme mit Deckel garen. Mit Salz abschmecken. Aubergine, Schalotte und Knoblauch in einer Pfanne in wenig Öl anbraten. Das Gemüse mit der Gabel zerdrücken. Buchweizen und abgetropften Mozzarella dazugeben und alles gut verkneten. Mit Salz und Kräutern der Provence abschmecken. Aus der Masse 20 Bällchen formen.

Die Bällchen in Mandelmehl wenden, auf ein Backblech setzen und 20 Minuten bei 180 °C backen. Die Eier in eine Pfanne mit heißem Olivenöl schlagen und daraus Spiegeleier braten. Mit Salz und Pfeffer würzen.

5 Servieren Den Blumenkohlgrieß auf 4 Schalen verteilen. Auf das Bett das heiße Ratatouille geben und pro Person 4 bis 5 Gemüsebällchen daraufsetzen. Daneben das Spiegelei anrichten. Salzen, pfeffern und mit etwas Balsamico beträufelt servieren. Sofort genießen.

VEGETARISCHES KORMA

mit Reis, Tofu und Fenchel an Mango-Chutney

Korma ist ein Schmorgericht aus Indien, das hier mit Tofu und Blumenkohl zubereitet und mit Knoblauch, Kokosmilch, Curry, Kreuzkümmel sowie Tomatenmark gewürzt wird.

Für 4 Personen

Korma

2 Knoblauchzehen und 1 kleine Zwiebel
1 EL Kokosöl oder Ghee (geklärte Butter)
1 TL Currypulver und ½ TL Kreuzkümmelpulver
200 ml Kokosmilch
2 EL Tomatenmark und 180 ml Wasser
½ Würfel Gemüsebrühe
200 g Tofu, natur, gewürfelt
200 g Blumenkohl, in Röschen zerteilt
1 gestrichener EL Kartoffelstärke

Reis

180 g Basmatireis
1 EL Kokosöl oder Ghee (geklärte Butter)

1 kleine Fenchelknolle
4 gehäufte EL Mango-Chutney (Rezept siehe rechte Seite)
1–2 Prisen Meersalz

1 Korma Knoblauch und Zwiebel schälen, fein hacken. Mit Curry- und Kreuzkümmelpulver in wenig Kokosöl anbraten und mit Kokosmilch ablöschen. Das Tomatenmark mit Wasser und dem Brühwürfel verrühren, dazugeben. Aufkochen lassen. Blumenkohl und Tofu hinzufügen und ohne Deckel 20 Minuten lang köcheln lassen, bis der Blumenkohl weich ist.

Die Kartoffelstärke mit Kochflüssigkeit des Korma anrühren, ebenfalls in die Pfanne geben und weitere 5 Minuten kochen, bis die Sauce andickt.

2 Reis In Kokosöl den Reis anschwitzen, bis er glasig wird, mit der doppelten Menge warmem Wasser aufgießen. Salzen, mit Deckel bei mittlerer Hitze 15 Minuten kochen, dann noch 5 Minuten ziehen lassen.

3 Fenchel Das Gemüse zuerst in feine Stifte, dann zu winzigen Würfeln schneiden.

4 Servieren Den Reis auf die Schalen verteilen. Korma über eine Hälfte des Reisbetts geben, mit Fenchelwürfeln und Chutney garnieren.

Mango-Chutney

Für 2 Gläser Chutney 1 Mango schälen und in Stücke schneiden. Dann 2 rote Zwiebeln, 1 Zentimeter Ingwerwurzel und 1 Knoblauchzehe schälen und fein schneiden. Alles in einer Pfanne in etwas Öl bei mittlerer Hitze etwa 5 Minuten anbraten und 40 Gramm Vollrohrzucker sowie 40 Milliliter Cidre-Essig dazugeben. Köcheln lassen, bis die Mischung andickt. In einem Glas im Kühlschrank aufbewahren.

MAROKKANISCH

Couscous mit Gemüse, Rote-Bete-Bällchen und süßsauren Früchten an Minzsauce

Couscous, Minze, Datteln, Aprikosen, Zwiebeln, Tomatenmark, Zimt, Ras el-Hanout ... Alle Aromen Marokkos sind in dieser Veggie Bowl vereint. Probieren Sie diese köstliche Alternative zur Tajine!

Für 4 Personen

Getreide und Gemüse

3 Karotten, gewürfelt
3 Zucchini (oder 2 Fenchelknollen), gewürfelt
1 Zwiebel, fein gehackt
1 Knoblauchzehe, fein gehackt
1 EL Oliven- oder Sesamöl
1 gestrichener EL Ras-el-Hanout-Gewürzmischung
2 EL Tomatenmark
240 g vollwertiger Couscous
½ TL Kurkumapulver
1 Bio-Zitrone
Meersalz

Rote-Bete-Bällchen

240 g gekochte rote Bohnen (Abtropfgewicht, abgegossen und gespült)
200 g gekochte Rote Bete, klein geschnitten
2 Knoblauchzehen
50 g Haferflocken
20 g Dinkelmehl
25 g Sonnenblumenkerne
1 Prise Zimt
1 kleines Bio-Ei
1 Prise Meersalz

Süßsaure Früchte und Minzsauce

2 Datteln, fein geschnitten
3 getrocknete Aprikosen, fein geschnitten
1 Frühlingszwiebel, fein geschnitten
2 EL Cashewmus (oder 50 g Cashewkerne, 6 Stunden eingeweicht und abgegossen)
Saft von 2 Zitronen
10 Minzblättchen plus *ein paar Blättchen zum Anrichten*
2 Prisen Meersalz

1 Getreide und Gemüse Das Öl in einem Topf erhitzen und das Gemüse dazugeben. Mit Deckel 5 Minuten köcheln lassen. Tomatenmark sowie 1 Esslöffel Ras el-Hanout einrühren und mit Deckel weitere 15 Minuten köcheln lassen. Mit Salz abschmecken.

Den Couscous abmessen und die gleiche Menge Wasser mit 1 Prise Salz zum Kochen bringen. Anschließend den Couscous in einen tiefen Teller geben, mit 1 Prise Salz, dem restlichen Ras el-Hanout, Kurkuma sowie Saft und Schale von der Zitrone vermengen. Mit dem kochenden Wasser übergießen und 5 Minuten quellen lassen.

2 Rote-Bete-Bällchen Alle Zutaten im Mixer zu einem glatten Teig verarbeiten. Daraus 16 Bällchen formen, diese auf ein Backblech setzen und 20 Minuten bei 180 °C backen. Nach der Hälfte der Garzeit das Blech um 180 Grad drehen.

3 Süßsaure Früchte und Minzsauce Frühlingszwiebel, Trockenfrüchte und 1 Prise Salz vermengen.

In einer Schüssel Cashewmus mit Zitronensaft, fein gehackter Minze und 1 Prise Salz gut verrühren. Mit etwas Wasser oder pflanzlicher Milch verdünnen, falls die Sauce zu dickflüssig ist.

4 Servieren Den Couscous auf 4 Essschalen verteilen. Auf einer Hälfte das gedünstete Gemüse verteilen. In jede Schale 4 Gemüsebällchen geben, Minzsauce darübergießen und 1 Tupfer süßsaure Früchte danebensetzen. Heiß genießen.

YANKEE STYLE

Kürbis-Lauch-Mash mit Räuchertofu und nussigen Wraps

Ein *Mash* besteht meist aus Kartoffeln, die mit der Gabel zu einem dicken Püree zerdrückt werden. Dazu kommt eine Portion grob zerkleinertes Gemüse. In Wraps gepackt und mit etwas Ziegen- oder Veggie-Käse sowie Nüssen aufgepeppt, wird aus dem Mash im Handumdrehen ein mildcremiger Hochgenuss.

Für 2 Personen

Kürbis-Lauch-Mash

1 große Stange Lauch
½ kleiner Butternut-Kürbis (oder ein Viertel von einem großen Kürbis)
¼ Würfel Gemüsebrühe
4 EL Wasser
100 g Räuchertofu, in Würfel geschnitten

Nussige Wraps

50 g Ziegenfrischkäse, natur
1 gehäufter EL Tahin (Sesammus)
2 Tortillawraps oder selbst gebackene Pfannkuchen
1 EL Petersilie, fein gehackt
6 Haselnüsse, grob gehackt
1 Prise Meersalz

1 Mash Den Lauch von harten Blättern sowie Wurzelansatz befreien und in feine Ringe schneiden. Den Kürbis in Scheiben zerteilen, von Schale sowie Kernen befreien und in kleine Würfel schneiden. Das Gemüse mit dem im Wasser aufgelösten Brühwürfel und Tofu in einen Kochtopf geben. Mit Deckel bei mittlerer Hitze etwa 20 Minuten garen, bis das Gemüse weich ist.

2 Wraps Von der Gemüse-Tofu-Mischung 4 Esslöffel abnehmen und in eine Schüssel geben. Den Ziegenfrischkäse darin mit der Gabel zu einem groben Püree zerdrücken und beiseitestellen. Tahin mit 1 Prise Salz und etwas Gemüsekochwasser verrühren. Über die restliche Gemüse-Tofu-Mischung geben und alles mit einer Gabel zu einem groben Püree verarbeiten. Die Wraps mit der Gemüse-Käse-Mischung bestreichen. Mit gehackter Petersilie sowie Haselnüssen bestreuen, aufrollen und in 2 Zentimeter dicke Röllchen zerteilen.

3 Servieren Das Gemüse-Mash auf 2 Essschalen verteilen. Die Wrapröllchen daraufsetzen und warm servieren.

PASTA BOWL

Nudeln in cremiger Sauce mit Gemüse und rotem Pesto

Diese Nudel-Bowl ist ein Seelentröster für graue Tage. Sie kommt ganz ohne Béchamelsauce und Backofen aus. Mit der cremigen Sauce aus Blumenkohl und Cashewnüssen, einem Klassiker der veganen Küche, schmeckt sie unglaublich lecker und sie ist im Handumdrehen fertig!

Für 2 Personen

Cashew-Blumenkohl-Sauce

40 g Cashewkerne
200 g gekochter Blumenkohl
1 Knoblauchzehe
1 EL Zitronensaft und 2 EL Würzhefeflocken
100 ml Hafer-, Mandel- oder Sojamilch
Meersalz zum Abschmecken

Nudeln

100 g Hörnchennudeln
Salzwasser zum Garen
1 Karotte
100 g tiefgekühlte Erbsen
100 g gekochte Blumenkohlröschen

Pesto

100 g getrocknete Tomaten
40 g Cashewkerne
Hafer-, Mandel- oder Kokossahne (Menge nach Bedarf)

1 Sauce Die Cashewkerne 6 Stunden in Wasser einweichen, abgießen und mit den restlichen Zutaten cremig pürieren. Dabei nur die Hälfte der Milch dazugeben, den Rest esslöffelweise, bis die gewünschte Konsistenz erreicht ist.

2 Nudeln Die Karotte schälen und in kleine Würfel schneiden. Karotten, Hörnchennudeln sowie Erbsen in das kochende Salzwasser geben und 9 Minuten köcheln lassen, dann die Blumenkohlröschen hinzufügen. Weitere 30 Sekunden garen und abgießen.

Die Pasta in einem Topf mit der Sauce vermengen und warm stellen.

3 Pesto Alle Zutaten zu einem sämigen Pesto mixen. Dabei die Sahne esslöffelweise dazugeben, bis die gewünschte Konsistenz erreicht ist.

4 Servieren Die Nudeln mit Sauce auf die Essschalen verteilen. Jeweils 1 Esslöffel rotes Pesto dazugeben und sofort servieren.

FÜR GEMÜTLICHE STUNDEN

Kürbissuppe mit Linsen und salzigem Granola

Essen aus der Schale ist häufig ein Suppe. Sie wärmt und bietet allerlei Spielraum für Kreativität. Hier werden Ihre Geschmacksknospen durch salziges Granola überrascht.

Für 4 Personen

Granola (für 1 großes Glas)

200 g Haferflocken
je 20 g Kürbiskerne, Sonnenblumenkerne und Hanfsamen
1 TL Fenchel-, Anis- oder Kreuzkümmelsamen
2 EL Würzhefeflocken
2 TL braunes Miso (oder 1–2 Prisen Meersalz)
20 g Tahin (oder Erdnussmus)
20 ml Kokosöl
Eiweiß von 1 Bio-Ei (ersatzweise 30 ml Kokosöl)

Kürbissuppe

500 g Butternut-Kürbis
1 große Zwiebel
1 EL Olivenöl
1 cm Ingwerwurzel und 1 Knoblauchzehe, geschält
125 g Dal-Linsen
1 Würfel Gemüsebrühe
1 EL Tomatenmark und 2 EL Erdnussmus
200 ml Kokosmilch
1 Prise Meersalz

1 Granola Den Backofen auf 170 °C vorheizen. Alle Zutaten für das Granola in einer großen Schüssel gründlich vermengen. Auf ein Backblech geben und 30 Minuten backen. Das Granola in der Mitte der Garzeit einmal gut durchrühren. Im halb geöffneten Backofen abkühlen lassen und anschließend im Glas aufbewahren.

2 Suppe Den Kürbis in Würfel schneiden. Dabei die Kerne, aber nicht die Schale entfernen. Die Zwiebel schälen, schneiden und in einem großen Topf in Öl anbraten. Die ganze Knoblauchzehe und den in Scheiben geschnittenen Ingwer dazugeben. Die Kürbiswürfel und die Linsen hinzufügen. Mit reichlich Wasser aufgießen und den Brühwürfel dazugeben. Mit Deckel 25 Minuten garen. Zwei Drittel der Suppe mit Tomatenmark, Erdnussmus, Kokosmilch sowie dem Salz pürieren und wieder unter das übrige Drittel ziehen.

3 Servieren Die Suppe in der Essschale mit Granola bestreuen, servieren und genießen.

ROHKÖSTLICHE TAGLIATELLE-BOWL

Gemüse-Tagliatelle mit Avocado und Mandelsauce und -Chutney

Hier wird nichts gegart, nichts erhitzt und trotzdem erwartet Sie ein Gaumenschmaus: Knackiges Gemüse trifft auf das weiche Fleisch der Avocado.

Für 2 Personen

Gemüse-Tagliatelle

2 Karotten
1 Zucchini
½ Gurke oder ¼ Fenchelknolle

Mandelsauce und -Chutney

1 kleine Knoblauchzehe, fein gehackt
1 EL weißes Mandelmus
2 EL Zitronensaft
1 TL Blütenhonig oder Ahornsirup
1 TL fruchtiges Olivenöl
1 Prise Kurkumapulver
1 EL Mandeln, fein gehackt
1 EL Sonnenblumenkerne, fein gehackt
80 g Sojajoghurt, natur (wahlweise Schafsmilchjoghurt)
1 Prise Meersalz

1 Avocado, entkernt

1 Tagliatelle Mit einem Sparschäler die Karotten in breite Streifen schneiden. Auf dieselbe Weise Gurke und Zucchini mit Schale zu Tagliatelle verarbeiten. Vorher den Mittelteil mit den Kernen entfernen. (Falls Sie Fenchel verwenden, diesen fein hacken.)

2 Sauce und Chutney Den Knoblauch mit Mandelmus, Zitronensaft, Honig, Olivenöl, Kurkuma sowie Salz zu einer glatten Sauce mixen. Mandeln und Sonnenblumenkerne in einer kleinen Schüssel mit 1 Esslöffel der Sauce vermengen. In einer zweiten Schüssel die restliche Sauce mit dem Joghurt verrühren.

3 Servieren Die Gemüse-Tagliatelle auf 2 Essschalen verteilen und etwas Mandel-Joghurt-Sauce darübergeben. Die Avocadohälften im Ganzen aus der Schale lösen und dekorativ auf dem Gemüse anrichten. Mit der Mandel-Chutney füllen und sofort servieren.

NOGENT
COLOR

EIN GESUNDER SNACK

mit zwei proteinreichen Dips

Dips kommen immer gut an, ob zum Eintauchen von Gemüsestäbchen, als schneller Brotaufstrich oder zum Aperitif. Hier stelle ich Ihnen zwei sättigende, proteinreiche Variationen aus Hülsenfrüchten vor. Doch sie werden nicht wie Hummus mit Kichererbsen, sondern mit gelben Linsen und weißen Bohnen zubereitet. Luftdicht verschlossen im Kühlschrank aufbewahrt, bleiben diese Dips 1 Woche lang frisch.

Für 1 Glas

Linsen-Dip mit getrockneten Tomaten

240 g gelbe Linsen (Abtropfgewicht, abgegossen und gespült)
3 EL Sonnenblumenkerne
1 Handvoll Walnusskerne
6 getrocknete Tomaten in Öl
2 EL Zitronensaft

1 Alle Zutaten in den Mixer geben und zu einem streichfähigen Püree verarbeiten. Falls erforderlich oder nach Wunsch, etwas Öl von den Tomaten dazugeben, um den Dip geschmeidiger zu machen.

2 Servieren In einer kleinen Schale auf den Tisch bringen. Schmeckt hervorragend zu Staudensellerie oder Karotten, aber auch zu Kräckern und Grissini.

Für 1 Glas

Dip mit weißen Bohnen und grünen Oliven

240 g weiße Bohnen (Abtropfgewicht, abgegossen und gespült)
2 EL weißes Mandelmus
125 g grüne Oliven ohne Kern
1 EL Zitronensaft

1 Alle Zutaten im Mixer zu einem streichfähigen Püree verarbeiten.

2 Servieren In einer kleinen Schale auf den Tisch bringen und dazu Gemüsestäbchen, Kräcker oder Grissini reichen.

BOWL CAKE PIKANT

Blitzkuchen mit Kürbis

Der Bowl Cake ist der große Bruder des Mug Cake: In beiden Fällen werden die Zutaten in eine Bowl bzw. eine Tasse gegeben. Der Mug Cake wird jedoch in der Mikrowelle „gebacken". Als Alternative habe ich mich für die Zubereitung im Wasserbad entschieden – für einen gesunden Bowl Cake, den Sie mit Köstlichkeiten wie Tofu, Käse oder Pesto füllen können. Dieser pikante Bowl Cake schmeckt lecker zum Frühstück. Und auf einem Bett aus Rucola und gerösteten Kürbiskernen wird er zu einem großartigen Mittag- oder Abendessen.

Pro Person

120 g Kürbispüree
50 g schnittfester Ziegenfrischkäse, natur
2 EL Olivenöl
1 Bio-Ei
1 TL süßer Senf
½ TL Kräuter der Provence
30 g Reis- oder Dinkelmehl
½ TL Weinstein-Backpulver
50 g Tofu, natur, geräuchert oder mit Nüssen
1 Prise Meersalz

Eine große hitzebeständige Essschale in einen noch größeren Topf stellen und den Topf zu zwei Dritteln mit Wasser füllen. Die Schale herausnehmen und das Wasser zum Kochen bringen. In der Zwischenzeit in der Schale Kürbispüree mit Ziegenfrischkäse, Öl, Ei, Senf, Kräutern und Salz verrühren. Mehl sowie Backpulver vermengen und unterziehen.

Den Tofu in Würfel schneiden und in die Mitte der Kürbismasse drücken. Die Oberfläche glatt streichen und die Schale in den Topf mit kochendem Wasser stellen. Mit Deckel 45 Minuten sanft köcheln lassen. Herausnehmen, 5 Minuten ruhen lassen und genießen!

Die süße Variante

Diesen Bowl Cake können Sie auch als gesunde süße Nascherei zubereiten. Dafür 100 Gramm Kürbispüree mit 15 Gramm Vollrohrzucker (oder Kokosblütenzucker), 2 Esslöffeln Kokosöl, 15 Gramm Haselnuss- oder Mandelmus, 20 Gramm Haferflocken und 1 Ei (oder 1 Esslöffel Leinsamen sowie 2 Esslöffel vegane Milch) verrühren und wie oben beschrieben fertigstellen.

BOWL CAKE SÜSS

Blitzkuchen mit Zitrone und roten Früchten

Für noch mehr Abwechslung stelle ich Ihnen diesen köstlichen süßen Bowl Cake vor. Sie können den Kuchen stürzen oder mit roten Früchten garniert in der Schale servieren. Durch das schonende Garen im Wasserbad wird er zu einem herrlich cremigen, lockeren Kuchen ohne Kruste.

Pro Person

40 g Dinkelmehl, Type 630 oder 1050
1 TL Weinstein-Backpulver
1 Bio-Ei
25 g Mandelmus (möglichst dünnflüssig)
40 g Schafsmilch- oder Sojajoghurt
1 gehäufter EL flüssiger Blütenhonig
½ Bio-Zitrone
1 EL ganze Mandelkerne
60 g Himbeeren (oder andere rote Früchte)
1 Prise Meersalz

1 Eine große hitzebeständige Essschale in einen noch größeren Topf stellen und den Topf zu zwei Dritteln mit Wasser füllen. Die Schale herausnehmen und das Wasser zum Kochen bringen. In der Zwischenzeit in der Schale mit einer Gabel Mehl, Backpulver, Ei, Mandelmus, Joghurt, Honig, Saft und abgeriebene Schale der Zitrone sowie Salz gründlich verrühren. Die Schale in den Topf stellen, mit Deckel 15 Minuten sanft köcheln lassen. Herausnehmen und 5 Minuten ruhen lassen. Die Mandeln mit dem Wiegemesser grob hacken und in der Pfanne rösten.

2 Servieren Den Kuchen lauwarm mit Himbeeren und Mandelsplittern genießen.

SEELENTRÖSTER-BOWL

Milchreis mit Esskastanien und Chai-Gewürzen, dazu Apfel-Mandel-Mus

Wenn ich an Soul Food denke, kommt mir sofort Milchreis in den Sinn. Denn er ist warm, sämig und schmeckt unglaublich gut mit einem Püree aus gewürzten Früchten. Diese Kreation ist besonders in der kalten Jahreszeit eine Wohltat, doch Milchreis ist auch im Sommer eine absolute Köstlichkeit: gekühlt und mit Himbeeren statt Kastanien sowie gerösteten Mandelsplittern garniert.

Für 4 Personen

Milchreis

60 g Carnaroli- oder Milchreis
600 ml Mandelmilch
1 TL Chai-Gewürzmischung (Zimt, Vanille, Ingwer und Kardamom)
2 EL Kokosblütenzucker
60 g gekochte Esskastanien plus *ein paar Esskastanien zum Anrichten*

Apfelmus

3 säuerliche Äpfel (Boskop oder Jonathan)
½ TL Chai-Gewürzmischung
1 EL Mandelmus (möglichst dünnflüssig)

1 Milchreis Den Reis in einen flachen Topf geben. Mit Mandelmilch sowie den Gewürzen aufsetzen, zum Kochen bringen und dann auf sehr kleiner Flamme etwa 40 Minuten leicht köcheln lassen. Zucker sowie in Stücke geschnittene Kastanien dazugeben und weitere 10 Minuten garen, dabei die Hitze stufenweise erhöhen. Den Topf vom Feuer nehmen, den Reis abkühlen lassen und immer wieder umrühren.

2 Apfelmus Die Äpfel gut waschen, vierteln, vom Kerngehäuse befreien und mit Schale in Stücke schneiden. Mit den Gewürzen und 2 Esslöffeln Wasser in einen Topf geben und auf kleiner Flamme dünsten, bis sie zerfallen. Das Kompott mit der Gabel gut verrühren, dabei das Mandelmus unterziehen.

3 Servieren Den lauwarmen Milchreis auf 4 Essschalen verteilen und mit 1 Tupfer Kompott sowie grob gehackten Kastanienstücken bestreut genießen.

CRUMBLE BOWL

Trockenfruchtgenuss ohne Backen

Ein Crumble ist ein knusprig süßer Nachtisch aus mit Streuseln überbackenen Früchten. Diese absolut köstliche Bowl kommt allerdings ganz ohne Kochen und Backen aus und steckt voller Nährstoffe. Schokoholics können natürlich noch ein paar Zartbitter-Schokoflocken darüberstreuen!

Für 2 Personen

Crumble

30 g Haferflocken
6 große Deglet-Nour-Datteln
25 g Haselnussmus
¼ TL gemahlener Zimt
½ TL Carob- oder Kakaopulver (wahlweise)

8 Feigen oder Aprikosen
1 Sojajoghurt mit Vanillegeschmack

1 Crumble Die Haferflocken in den Mixer geben und zu grobem Mehl verarbeiten. Die Datteln entkernen und klein schneiden. (Sollten sie sehr trocken sein, vorher in etwas lauwarmem Wasser einweichen und abgießen.) Zu den Haferflocken geben und erneut durchmixen. Haselnussmus, Zimt sowie Carob (oder Kakao) dazugeben und wieder gründlich durchmixen. Die Mischung auf der Arbeitsplatte gut verkneten.

2 Servieren Die Früchte waschen, falls nötig entkernen (Aprikosen) und vierteln. Auf 2 Essschalen verteilen. Das fertige Crumble über die Früchte streuen und 2 Esslöffel Joghurt in jede Schale geben.

KOKOS-FRUCHT-SCHALE

Kokoscreme mit Früchten

Das ist die ideale Bowl für einen gemütlichen Snack zu Hause, aber auch zum Mitnehmen ist sie bestens geeignet. Kokosmehl ist ballaststoffreich und lässt die Creme sofort andicken.

Für 2 Personen

Kokoscreme

125 ml vegane Milch (Mandel- oder Sojamilch mit Vanillegeschmack)
200 g Fruchtpüree (Apfel, Johannisbeere etc.)
200 g Seidentofu
25 g Kokosmehl

Zum Anrichten

Früchte der Wahl (Bananen, Beeren ...)
Kokosflakes, Mandelblättchen, Zartbitter-Schokoflocken ...

1 Creme Alle Zutaten im Mixer zu feinem Püree verarbeiten.

2 Servieren Die Creme auf 2 Essschalen verteilen und 30 Minuten quellen lassen. Mit Bananenscheiben oder anderen Früchten garnieren, mit Kokosflakes, Mandelblättchen, Zartbitter-Schokoflocken bestreuen.

SCHOKO-BOWL

Vegane Mousse au Chocolat mit Früchten

Diese vegane „Mousse au Chocolat“ steckt voller gesunder Zutaten. Die Banane mit ihrer natürlichen Süße und die gehaltvolle Avocado machen die schokoladige Bowl zu einem unvergesslichen Genuss. Servieren Sie die Mousse mit Fruchtstückchen, Briochewürfeln oder Trockenfrüchten. Oder zaubern Sie daraus einen leichten Imbiss, den Sie ohne Gewissensbisse vernaschen können.

Für 4 Personen

Vegane Mousse au Chocolat

150 g Zartbitterkuvertüre oder -schokolade
2 gehäufte EL Haselnuss- oder Mandelmus (möglichst dünnflüssig)
100 g Kokos- oder Mandelmus (möglichst dünnflüssig)
1 reife Avocado, entkernt
2 reife Bananen
1 TL Carobpulver (wahlweise)
1 Prise Vanillepulver
1 Prise gemahlener Zimt

Zum Anrichten

Früchte der Saison (Beeren, Feigen, Mango, Birnen, Orangen, Pomelos etc.)
2 Scheiben Dinkel-Hefezopf
frische oder getrocknete Kokosraspel

1 Mousse Die Schokolade im Wasserbad schmelzen. Mandel- und Kokosmus unterrühren. Avocadofleisch sowie Bananen zerdrücken und unter die Schokolade ziehen. Carob und Gewürze einrühren. Die Schokomasse auf 4 Essschalen verteilen und mit Frischhaltefolie bedeckt 1 Stunde in den Kühlschrank stellen.

2 Früchte vorbereiten Beeren putzen. Zitrusfrüchte schälen und filetieren.

3 Servieren Die Mousse mit Kokosraspeln bedecken und Früchte dekorativ darauf anrichten. Den Hefezopf in Würfel schneiden und diese in die Mousse tunken und genießen.

BEZUGSQUELLEN

- **Algentatar:** *www.gourmoshop.at, www.prohviant.de/Algen-Tatar-Bretagne-Marinoee-Bioqualität*
- **Miso:** *www.arche-naturkueche.de, www.schwarzwald-miso.de*
- **Nori-Algen-Flocken:** *www.arche-naturkueche.de*
- **Piment d'Espellette:** *www.manufactum.de, www.spicebar.de*
- **Ras-el-Hanout-Gewürzmischung:** *www.gewürze-der-welt.net, www.pfeffercorner.de*
- **Wasabipaste:** *www.arche-naturkueche.de*
- **Zartbitter-Schokotropfen:** *www.rapunzel.de*

DIE AUTORIN

Clea (Elodie Joy Jaubert) ist eine der erfolgreichsten Food-Bloggerinnen Frankreichs. Ihr Thema ist die moderne, schmackhafte Bio-Küche. Die studierte Ernährungs- und Sozialwissenschaftlerin hat ihr Hobby zum Beruf gemacht und bei *La Plage* zahlreiche Bücher veröffentlicht. Für ihr Buch *P'tit Chef bio* erhielt sie den renommierten Buchpreis des Internationalen Festivals des Gourmetbuches in Périgueux. Die Autorin lebt in Grenoble.
www.cleacuisine.fr

Titel der Originalausgabe: *Veggie Bowls*, erschienen bei *Editions La Plage*, Paris
Translation Rights arranged with *Editions La Plage*, Paris

Lektorat: Ute Orth, Martina Klose
Korrektorat: Petra Westermann
Fotos und Food Design: María Ángeles Torres; Fotos Seite 2 und 3 von *123RF*
Umschlaggestaltung: Guter Punkt, München
Innenlayout: Kurt Liebig
Satz: Rosi Weiss
Druck: Dimograf Sp z o.o., Bielsko-Biała/Polen

Hans-Nietsch-Verlag
Schauinslandstr. 136 h • 79100 Freiburg
www.nietsch.de • info@nietsch.de

ISBN 978-3-86264-405-6